# 恐龍女孩

## 第一位古生物學家瑪莉‧安寧的化石大發現

作者｜琳達‧絲基爾斯 Linda Skeers
繪者｜瑪塔‧阿瓦雷茲‧米昆斯 Marta Álvarez Miguéns
譯者｜張東君

**字畝文化創意有限公司**

社　　長｜馮季眉
責任編輯｜陳心方
美術設計｜蔚藍鯨

出　　版｜字畝文化／遠足文化事業股份有限公司
發　　行｜遠足文化事業股份有限公司（讀書共和國出版集團）
地　　址｜231 新北市新店區民權路 108-2 號 9 樓
電　　話｜(02)2218-1417
傳　　真｜(02)8667-1065
客服信箱｜service@bookrep.com.tw
網路書店｜www.bookrep.com.tw
團體訂購請洽業務部 (02) 2218-1417 分機 1124
法律顧問｜華洋法律事務所　蘇文生律師
印　　製｜中原造像股份有限公司

2022 年 8 月　初版一刷
2024 年 5 月　初版三刷
定　　價｜350 元
書　　號｜XBER0011
ISBN 978-626-7069-75-2

**國家圖書館出版品預行編目資料**

恐龍女孩：第一位古生物學家瑪莉‧安寧的化石大發現/琳達 絲基爾斯(Linda Skeers)文；瑪塔.阿瓦雷茲.米昆斯(Marta Álvarez Miguéns)圖；張東君譯. -- 初版. -- 新北市：字畝文化創意有限公司出版：遠足文化事業股份有限公司發行，2022.08
　面；　公分
譯自：Dinosaur lady : the daring discoveries of Mary Anning, the first paleontologist
ISBN 978-626-7069-75-2(精裝)

1.CST: 安寧(Anning, Mary, 1799-1847) 2.CST: 古生物學
3.CST: 傳記 4.CST: 通俗作品

784.18　　　　　　　　　　　　　111007557

特別聲明：有關本書中的言論內容，不代表本公司／出版集團之立場與意見，文責由作者自行承擔。

# 恐龍女孩

## 第一位古生物學家瑪莉·安寧的化石大發現

琳達·絲基爾斯／文　瑪塔·阿瓦雷茲·米昆斯／圖　張東君／譯

瑪莉‧安寧在她的故鄉，英國萊姆里吉斯附近的海灘上，邊走邊閃躲著
漲潮的海水及拍打岸邊的巨浪。她的籃子裡裝滿了貝殼和化石，這是要
賣給遊客的「珍品」。它們在當地都有很奇特的名稱，像是「蛇石◈」、
「惡魔的腳趾甲◈」以及「天使之翼◈」。

◈蛇石：中文名為「菊石」。
◈惡魔的腳趾甲：中文名為「箭石」。
◈天使之翼：中文名為「天使之翼石礦蛤」，學名為 Petricola pholadiformis。

她必須小心避開危險的坍方、爬過搖搖欲墜的懸崖、翻越亂石嶙峋的山峰。

儘管沿路危機四伏，瑪莉卻不害怕。她下定決心要揭開長期埋藏在當地的祕密，不論可能遭遇多大的風險。

瑪莉在主日學校學會閱讀和寫字，但是還想學習更多。因為她對在海邊撿到的這些骨頭和化石有很多疑問，也想要得到解答！

她借閱許多書籍、抄寫一篇篇的科學論文，也繪製了大量的複雜素描，並且認真做筆記。

非常、非常多的筆記。

一天早上，瑪莉和哥哥在懸崖上探險的時候，發現了一個令人吃驚的東西。岩石裡有個大大的眼窩，直直盯著他們！

他們小心翼翼的把泥土和石頭敲掉之後，岩石裡露出一個有著
尖尖鼻子、大約一百二十公分長的頭。
巨大的顎部。
好幾百顆牙齒。
非常嚇人！

然而瑪莉一點也不害怕。她完全被迷住了！

兄妹倆拜託村子裡的工人幫忙把它挖出來帶回家。

當工人都離開後，瑪莉回頭尋找那個動物的身體。懸崖不斷的移動、滑動。它一定被埋在附近。

但是，在哪裡呢？

日復一日，瑪莉在懸崖邊攀爬。
她到處尋找。一星期又一星期。
一個月又一個月。

大約一年以後，大自然對瑪莉伸出援手。

一場暴風雨帶來強風、豪雨，造成嚴重的坍塌和土石流。

一夜之間，埋藏已久的古老地層終於裸露出來。
那原本是瑪莉得用鎚子和鑿子，花上很多年才能
夠發現的。

有個東西吸引了瑪莉的注意。

骨頭。

瑪莉大膽的把它切開⋯⋯
然後發現了肋骨。
脊椎。
鰭!

這是一隻鱷魚嗎？
魚？
蜥蜴？

都不是。
瑪莉發現了一種前所
未見的生物。
她感到害怕嗎？
不。
一點也不。

不過，她的發現，讓很多村民都感到害怕，他們對
「瑪莉的怪物」議論紛紛。消息傳到一位富有的收
藏家耳裡，他想要買下這副骨頭。雖然瑪莉捨不得
賣掉，但是這筆錢足夠全家人好幾個月的生活費。

後來，這位收藏家把骨頭捐贈給一間倫敦的博
物館※，許多科學家與地質學家都蜂擁而來看
這個展示。
他們對它進行研究。
測量它。
討論它。

還把它命名為魚龍※，意思是「像魚的蜥蜴」。
「恐龍※」這個字，當時甚至還沒有創造出來。

❖一間倫敦的博物館：原本
　為大英博物館的自然分處，
　後來才獨立為倫敦自然史博物館。
❖魚龍：屬名為 *Ichthyosaurus*。
❖恐龍：現今恐龍的科學定義為陸生爬行類。

科學家與地質學家宣布了震驚全世界的消息。

瑪莉發現的生物不僅古老，而且有數百萬年的歷史了！

這項發表，打破了人們普遍認為地球歷史只有六千年的觀念。

當時還沒有人意識到：物種可能會滅絕。人們直到後來，才開始研究不再生活在地球上的生物遺骸。

當眾人討論瑪莉的發現時，
她繼續探索。
持續學習。

過了好幾年，瑪莉又在骨骼中發現了許多奇妙的、
深色的、塊狀的小石頭。
瑪莉仔細檢查這些小石頭。
重讀了自己的筆記。
研究之前畫的素描。

瑪莉想到這個小石頭是什麼了！

但是，這不是一位淑女應該說出口的事物……

不過瑪莉把科學家的身分放在淑女之前，她宣稱這些被稱為牛黃的石頭，是已經成為化石的**動物便便**！

地質學家都嘲笑她。
科學家們嗤之以鼻。

但當他們仔細研究之後，同意瑪莉才是對的！
瑪莉的驚人發現，幫助學者們更了解古代生物都吃了些什麼。

瑪莉還發現了許多又長又薄的圓錐形化石。
它們看起來一點也不起眼。
很普通。

至少，外觀是這樣。
她好奇的切開了其中一個。

原來裡面有一個小袋子，內部還充滿了濃稠的黑色物質。
瑪莉對這個小東西更好奇了！
加了幾滴水之後，這種物質變成了……
**墨水**。

瑪莉的驚人發現，證明古代水生動物會噴出墨汁隱藏自己，
來躲避飢餓的掠食者。

瑪莉二十四歲的時候，
她又有了新的驚人發現！

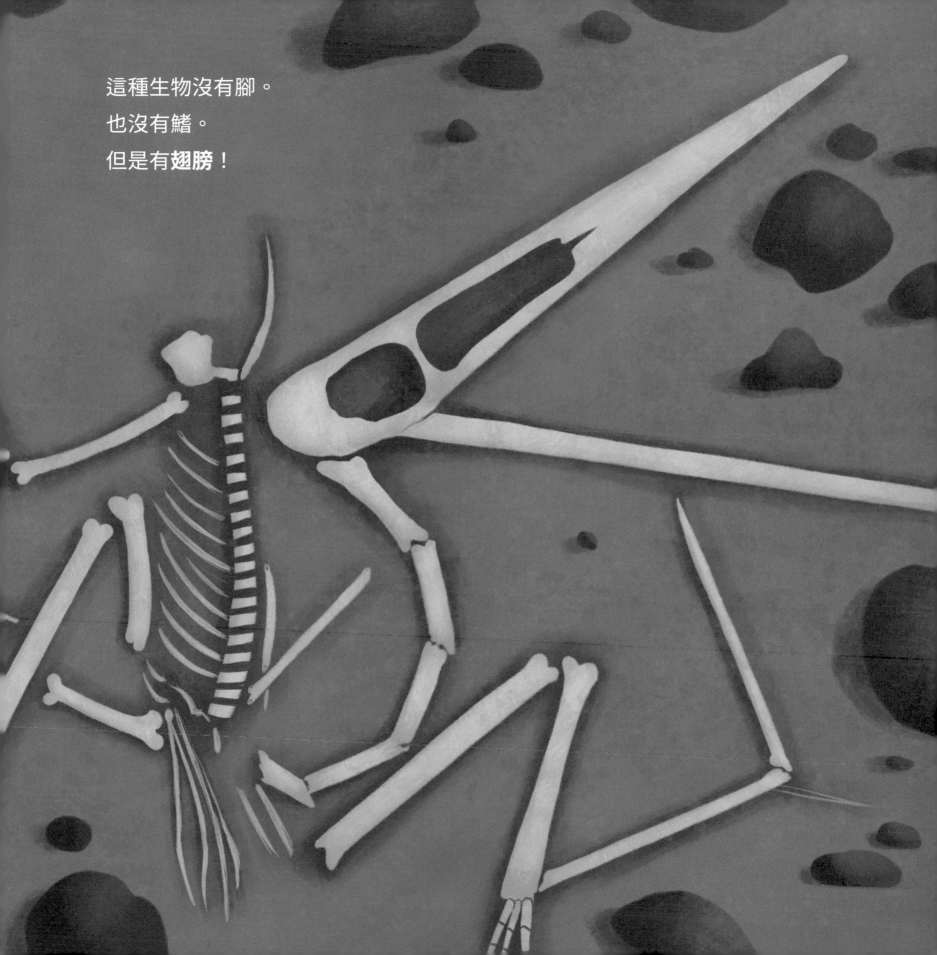

這種生物沒有腳。

也沒有鰭。

但是有**翅膀**！

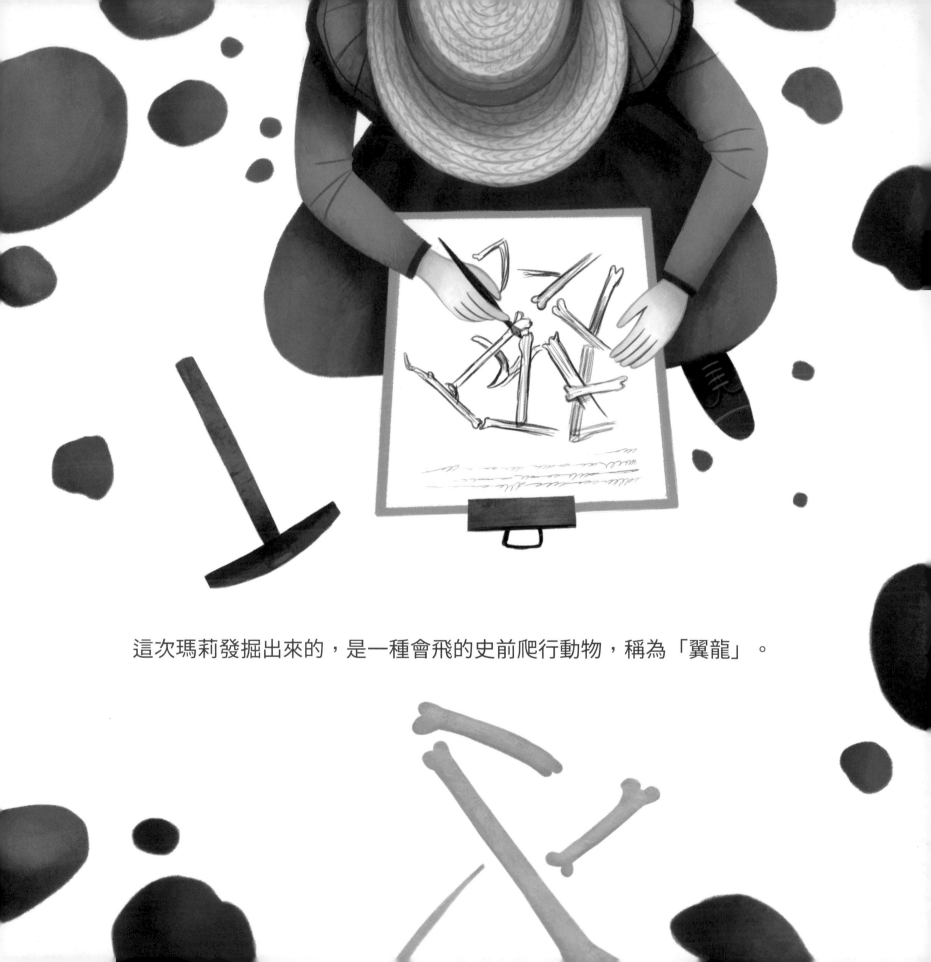

這次瑪莉發掘出來的，是一種會飛的史前爬行動物，稱為「翼龍」。

世界各地的科學家，都在討論這些令人難以置信的發現。

但是他們並沒有提到「瑪莉」這個名字。

至少在一開始的時候沒有。

即使瑪莉只看一根骨頭就能辨識出物種，也能夠像拼拼圖般組好整副骨骼，卻還是無法加入倫敦地質學會。因為女生是不被允許加入的。

她不能參加講座，也不能在大學教書。
連去聽課都不行！

不過，瑪莉知道她的發現很重要，還會改變人類對地球
歷史的看法。

許多地質學家、科學家、學者也都有同樣的想法。當心
中浮現疑問的時候，你猜他們會去哪裡？

直接造訪瑪莉的小屋！

為了想要學習更多，他們甚至願意跟隨瑪莉翻越懸崖，
即使打從心裡感到害怕（而且那真的很可怕！）

就像是一塊埋藏已久的化石，瑪莉的成就逐漸被發掘出來並傳遍
全世界。她驚人的發現，促使「古生物學」誕生──一種透過化
石研究史前生活的地質學分支。

她用自製的錘子和鑿子，以及無所畏懼的持續探索、學習，
達成這一切的成就。

# 骨頭和化石
## —— 的 ——
# 有趣小知識

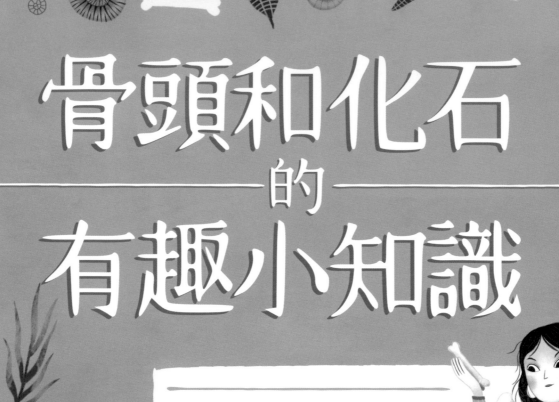

古生物學家是
研究化石的科學家。

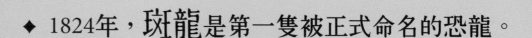

◆ 1824年，**斑龍**是第一隻被正式命名的恐龍。

◆ 1842年，古生物學家理查·歐文以希臘文裡代
表「可怕的」DEINOS，以及代表「蜥蜴」的
SAURUS，創造出了DINOSAUR（恐龍）
這個字。

到目前為止，已經有七百多種不同的恐龍被發現與命名。

化石——在拉丁文中代表「被挖出來」——經過一段很長的時間後，變成岩石的動物或植物的殘骸。

◆ 在地球的七大洲全都發現了恐龍化石。

◆ 有些恐龍蛋和你的拇指指甲一樣小，有些則像籃球那麼大。

菊石是一種史前的海洋生物，有螺旋形的殼，經常在海岸邊被發現。

箭石是一種外型很像烏賊的史前海洋生物，會為了保護自己不被掠食者攻擊而噴出墨汁。

天使之翼石鹼蛤（ㄐㄧㄢˇ ㄍㄜˊ）是一種貝類，也被稱為「假天使之翼」，因為它的殼是白色的，而且有肋紋，令人聯想到天使的翅膀。

糞化石真的就是由糞便形成的化石。又稱為牛黃，曾經被認為具有藥用價值✧！

✧譯註：現今仍作為中藥材使用。

# 瑪莉・安寧年表

1799年
5月21日
瑪莉・安寧
出生於英國
萊姆利吉斯

1810年
瑪莉的父親
查理・安寧過世。

1811年
瑪莉和她的哥哥發現了魚龍。

1800年8月19日
還是小寶寶的瑪莉被閃電
擊中，幸好活了下來。

1824年
瑪莉發表牛黃其實就是
糞便化石！

1823年
瑪莉發現了第一隻完整的蛇頸龍。

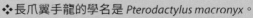
❖長爪翼手龍的學名是 *Pterodactylus macronyx*。

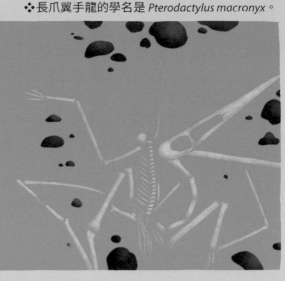

### 1828年
瑪莉發現了翼龍——這是一種會飛的史前爬行動物，後來被命名為「長爪翼手龍❖」。

### 1826年
瑪莉發現了內含乾燥墨汁的箭石化石。

瑪莉開了一家「安寧家的化石鋪」。

### 1847年3月9日
瑪莉因乳癌病逝，得年四十七歲。

### 1829年
瑪莉去倫敦——這是她第一次也是唯一一次離開萊姆利吉斯。

瑪莉發現了一種角鯊❖——這種魚被認為是在演化過程中介於鯊魚與魟魚之間的過渡物種。

❖角鯊的學名是
*Squaloraja*
*polyspondyla*。

### 1844年
腓特烈・奧古斯特二世造訪瑪莉的店鋪。

### 2010年
倫敦皇家學會把瑪莉・安寧列為英國科學界最具影響力的十位女性之一。

# 作者後記

瑪莉從小就有一種神奇的能力，能夠找到別人沒看見的小化石、貝殼或是骨頭碎片。她跟著父親一起拾荒時，經常發揮這項才能。她的父親是一位木匠也是家具工匠，有時也會撿些貝殼和化石，賣給到當地度假、享受海風的觀光客，貼補家用。瑪莉一邊尋覓可以販售的小飾品，也一邊尋找令她困惑的問題的解答。究竟是什麼造就了這些看起來很奇怪的化石？它們來自哪裡？它們是什麼？瑪莉終其一生，都在探索、研讀和學習。瑪莉沒有接受過正規教育，憑藉著自己的觀察、細緻的繪圖、詳盡的筆記，成為一名史前生物的專家，並贏得「古生物學公主」的美譽。

瑪莉也剛好住在地球上最佳的化石發掘地之一！萊姆利吉斯是侏儸紀海岸的一部分，兩億年前位於水底。暴風雨及冬季的天候侵蝕破壞懸崖，使得化石和骨頭露出來。瑪莉沒有使用特殊的裝備——只有一個她父親製作的鎚子、一個鑿子，還有一頂硬得像頭盔、遭受過好幾次落石撞擊的帽子而已。

瑪莉的父親在她十一歲時過世，一家人的生活頓時陷入窮困。瑪莉的「好奇心」，正好能幫家裡付房租、買菜。

瑪莉一生，共有五個驚人的重大發現，都是前所未知的物種。另外也還有一些較小但也很重要的發現。這些都有助於改變人們看待世界的方式，並且更加了解過去。

二十四歲時，瑪莉發現了史上第一隻完整的蛇頸龍，這是一種有鰭腳的水生動物。雖然這是一個極為驚人的發現，古生物學家喬治‧居維葉卻宣稱這是一場騙局！但在他仔細檢視過後，決定重新聲明：「這是目前為止發現過，最令人驚奇的生物。」

二十七歲時，瑪莉的存款已經足夠買下一間有玻璃櫥窗的小屋，並用前面的房間開了一家稱為「安寧家的化石鋪」的店面。她很自豪的把自己的發現展示在櫥窗中。當時擁有自己生意的女性店主是非常罕見的，這件事還成為當地報紙的頭條新聞。

據說這個寫於一九〇八年的繞口令，就是關於瑪莉‧安寧的。

*她在海邊賣貝殼*
*我確定她賣的貝殼是海邊來的。*
*如果她是在海邊賣貝殼，*
*那我確信她賣的是海邊的貝殼。*

她的肖像畫，常年在倫敦自然史博物館展示。

《英國科學史期刊》稱瑪莉‧安寧為「世界上最偉大的化石學家」。

# 參考書目

American Association for the Advancement of Science. "May 21: Today in Science." ScienceNetLinks. http://sciencenetlinks.com/daily-content/5/21/.

American Museum of Natural History. "Happy Birthday, Mary Anning! 'Princess of Paleontology.'" AMNH Blog, May 21, 2014, https://www.amnh.org/explore/news-blogs/on-exhibit-posts/happy-birthday-mary-anning.

BBC. "Mary Anning – Fossil Hunter." BBC Bitesize. Updated April 14, 2018. https://www.bbc.co.uk/bitesize/topics/zd8fv9q/articles/zf6vb82.

Bechko, Corinna and Shawn McManus. "She Sold Science by the Seashore," in *Femme Magnifique: 50 Magnificent Women Who Changed the World*, edited by Shelly Bond, 13–16. New York: Black Crown, 2018.

Emling, Shelley. *The Fossil Hunter: Dinosaurs, Evolution, and the Woman Whose Discoveries Changed the World*. New York: St. Martin's Press, 2011.

Famousscientists.org. "Mary Anning." Famous Scientists. Updated October 26, 2016. http://www.famousscientists.org/mary-anning/.

Favilli, Elena and Francesca Cavallo. *Good Night Stories for Rebel Girls: 100 Tales of Extraordinary Women*. New York: Simon & Schuster, 2016.

Fradin, Dennis. *Mary Anning: The Fossil Hunter*. New York: Silver Burdett Press, 1997.

Huntington, Tom. "The Princess of Paleontology." *British Heritage Travel*, July 13, 2016, https://britishheritage.com/the-princess-of-paleontology.

Pierce, Patricia. *Jurassic Mary: Mary Anning and the Primeval Monsters*. Stroud, UK: The History Press, 2014.

TheSchoolRun. "Mary Anning." Updated January 21, 2015. https://www.theschoolrun.com/homework-help/mary-anning.

Snedden, Robert. *Mary Anning: Fossil Hunter*. New York: Gareth Stevens, 2016.

Tickell, Crispin. *Mary Anning of Lyme Regis*. Lyme Regis, UK: Lyme Regis Philpot Museum, 1996.

獻給我無畏的妹妹。妳的勇氣及樂觀，每天都激勵著我。

——*LS*